엉겅퀴꽃의 노래

엉겅퀴꽃의 노래
김을순 시집

초판 1쇄 인쇄 · 2025년 7월 20일
초판 1쇄 발행 · 2025년 7월 25일

지은이 · 김 을 순
펴낸이 · 김 영 만

펴낸곳 · **지성의샘**
등록번호 · 2011. 6. 8. 제301-2011-098호

주소 · 서울시 중구 을지로 14길 16-11 (2층)
편집부 · (02) 2285-0711
영업부 · (02) 2285-2734
팩　스 · (02) 338-2722
이메일 · gonggamsa@hanmail.net

ⓒ 2025. 김을순, Printed in Korea

값 12,000원
ISBN 979-11-6391-088-6

엉겅퀴꽃의 노래

김을순 시집

지성의샘

♣ 시인의 말

나는 현실에 충실하다.
창문을 열고 창밖을 내다본다.
자연은 옛 그대로이다.
다만 우뚝우뚝 서 있는 나무가 아닌
시멘트 빌딩이 서 있다.
바람에 가랑잎이 굴러도 깔깔깔 웃던 날들.
18세 꿈도, 희망도 많았다.
인생 살면서 많이 이루고 살아왔다고 자부해본다.
오늘 내가 나를 뒤돌아본다.
마음은 그대로인데 70이 넘어 있다.
한 걸음 뒤에서 뚜벅이던 나.
내일부터 두 주먹 쥐고 눈썹을 날리며 남은
인생 뛰어야겠다.

Contents

시인의 말 _ 4

1 나팔꽃 사랑

엉겅퀴 _ 10
5월의 하늘 아래 _ 11
익지 않은 감은 떫다 _ 12
갈등(葛藤) _ 13
고향의 봄 _ 14
나팔꽃 사랑 _ 15
모란꽃 피는 집 _ 16
복사꽃 피고 지고 _ 17
치악산 _ 18
눈이 내리네 _ 20

러시아의 정교 _ 21
바람이 되어 _ 22
아쉬움 _ 23
사마천 사기전집 _ 24
시를 찾으러 간다 _ 25
외출 중에서 _ 26
청안의 시원(時苑) _ 27
하늘 정원 _ 28
자연의 소리 _ 29
의숭아 _ 30

2 칡뿌리와 등나무

히말라야 _ 32
여뀌 _ 33
봄날은 간다 _ 34
가을 동산에서 _ 35
과수원 지킴이 _ 36
늑장 부리던 사과 하나 _ 37
마음에 시가 있다 _ 38
나팔꽃 _ 39

갯마을 풍경 _ 40
물 위를 걷는 아이 _ 41
칡뿌리와 등나무 _ 42
이상설의 유허비 _ 43
시안 화산(華山)을 가다 _ 44
하와이 _ 45
와이키키 해변 _ 46
유물 많은 우즈베키스탄 _ 48

장맛비 지나가고 _ 49
쥐똥나무 목이 타 _ 50
지난 이야기들 _ 51
석류나무 _ 52

3 계절의 수채화

계절의 수채화 _ 54
까치들의 행진 _ 55
낙엽이 가는 길 _ 56
봄의 전령사 _ 57
가을 사랑 저 언덕에 _ 58
지리산 가을을 거두다 _ 59
허수아비 점안식 _ 60
단풍 꽃 피는데 _ 61
만수천 재두루미 _ 62
설산 _ 63
첫사랑 사모곡 _ 64
친정 가는 길 _ 66
질투는 자기 발등을 찧는다 _ 67
미추홀 역사를 거닐다 _ 68
허공에 흩어지는 연서 _ 69
신기루 _ 70
호오말루히아 야외 식물원 _ 71
윤회설 _ 72
중년을 넘어서며 _ 73
환자들의 리허설 _ 74

4 모래탑 쌓다 떠난 사랑

화전 밭 풀 뽑는 여인 _ 76
봄맞이 _ 77
가을 풍경 _ 78
동백꽃 _ 79
외딴섬 허수들 _ 80
먼지 _ 81

Contents

고려인의 정착 _ 82
나는 가야지 _ 83
문학초등학교 _ 84
박각시 _ 85
새벽 강가에서 _ 86
모래탑 쌓다 떠난 사랑 _ 87
노교수의 꿈 _ 88

어린이와 블루베리 _ 89
문경새재 _ 90
중추절 영종도 _ 91
히말라야 석가모니 _ 92
한 방울 단맛에 갈등 _ 93
착각이었다 _ 94
장마철 먹구름 _ 95

시조 | 인연의 굴레 _ 96
시조 | 나그네 _ 97
시조 | 대화의 향기 _ 98
시조 | 해오라기 _ 99
시조 | 저녁 노을 _ 100
시조 | 중추가절(中秋佳節) _ 101

시집평설 | 자연 시심에서 우러나온 풋풋한 풀꽃 시인 _ 102

1
나팔꽃 사랑

엉겅퀴

신록이 우거진 계절, 새들이 나뭇가지에 날아들어
작은 주둥이로 열기를 토해낸다

고택에 비탈진 산기슭에 엉겅퀴
여기저기 둥지 틀고 시퍼런 이파리 가시 달린 꽃받침
나비와 벌들 날갯짓에 아름다움 다발로 피고 있다

엉겅퀴 줄기 아래 더위를 피해 진딧물들 새까맣게
줄지어 올라가고, 잎 그늘 공생하자 부르짖는다
번개를 동반하고 천둥 소리 쏟아지는 폭우
하늘에서 내리는 물 폭탄에 모두가 부르르 떤다

진딧물 병정들 빗물 타고 퇴각이다
엉겅퀴 푸른 줄기엔 싱그러운 평화가 찾아든다

5월의 하늘 아래

녹음이 우거진 자연 푸른 하늘 아래
읽걷스하는 민학도들
관모산 길 따라서 호숫가 오솔길을 지신 밟기한다
깃발 든 손 치켜들고
"일부도보"
"심심 생 청록"
소리들 산울림으로 돌아온다
호수에 울림의 파문들 함께 읽걷스
실버들에 생기는 푸른 하늘을 배회한다
찌렁찌렁 관모산 나무들이 우즐우즐 춤을 추고 있다

익지 않은 감은 떫다

나무는 겨울바람 버티고 흔들리고
뾰족이 부리들이 나온다
멀리서 봄이 오는 소리에 파락파락 잎 피고
파랗게 파란모 쓰고 얼굴들 하얀 입술

웃으며 바닥에는 감꽃들이 하얗게 떨어지고
푸른 잎 가지마다 날개짓 싱그럽다

풋풋한 감 한 알 따서 맛을 본다
떫다 떫어,
아무래도 뒤주 위에 올려놓고
얼마간 숙성시켜야 할 것 같다
물렁물렁 단맛이
우려 나올 때까지

갈등(葛藤)

배배 꼬인 등나무와 칡뿌리
꼬인 걸까 부둥켜안은 걸까
갈등의 줄기를 타고
물오른 향기가 수줍은 듯 퍼져나간다

갈등의 타래를 타고 오르는
척추 없이 혼자서
언덕에 더듬이로 바닥에서 기면서
나무를 감싸 안고 쉬어 간다

한 자락 초록으로 이파리 너울대는 줄기에서
그 꽃향기 진하구나 초콜릿 웃음을 터뜨리는 꽃 타래들
잎들이 숨 고르고 웃으며 바라보는 모습들에
늘어진 넝쿨들은 위를 향해 오르고
모습들 줄기차게 싱그럽다

고향의 봄

오라버니 심고 떠나시고 돌아오지 못하는 세월
심고 간 네 그루의 나무들이 봄이면
뒤뜰에서 꽃 나래 펴고 주인을 기다린다

아카시아
버선코 사뿐히 내디딜 때
꿀벌들 아우성치는 애틋하던 내 고향

고향집 담장 너머에서 복사꽃들
발갛게 어우러져 피고 지고
미소로 살라 한다

나팔꽃 사랑

찬 이슬 밟아가며 실 한 줄 여미면서
핑크빛 민낯으로 청아한 은결 위에
하루의 소망을 품고 인사하는 천사여

목젖을 하늘 향한 해맑은 등불들아
하늘 은총 듬뿍 받고 피어난 고운 자태
애타는 연민의 마음 보라 눈빛 고와라

높이 더 높게높게 하늘빛 휘감고서
몸 기대 껴안으며 뚜뚜뚜 나팔 분다
하늘이 닿을 때까지 내 사랑아 움트렴

모란꽃 피는 집

꽃들이 깨어나서 매무새 고치는 봄
여인들 옷차림들 가벼워진다
빨간 벽돌집 뒤뜰에서 꽃들이 피고 있다
5월의 모란꽃은 웃음을 터뜨린다
과꽃들 싹이 나와 바닥 덮고 파란 뜰이 되어 있다
은수저 모종할 때 까다롭던 양귀비도 씨앗으로
흙속에서 겨울 나고 생명을 싹으로 피고 있다
하얀꽃 피고 지는 사과나무 결실이 달린다
꺽다리 자두나무 옆구리에 열매 달고 담장 너머 바
라본다
앵두 입술 오물오물 크게 말해봐
한여름 피려했던 과꽃들이 지난밤 내린 비에
바닥에 비스듬히 누워서 고개 치켜들고 웃음이 힘겹다

복사꽃 피고 지고

초가집 뒤뜰 한 그루 오동나무
너울거리는 잎은 담장 안 장독대를 지켜보고
어쩌다 장 뜨러 나오는 노인
흰 수건을 눌러쓰고
하늘을 보려 하지 않는다

아들 며느리 대문 열고 나가더니 돌아오지 않았고
북으로 간 장손도 돌아올 줄 모르는데
장손이 심어 놓고 떠난 복사꽃은 해마다 피고 지고
두 뺨에 연지 바른 홍도 복숭아는
주렁주렁 달린다

뒷산에 누런 알밤들이 떨어지는 가을
노인의 눈에서는 슬픔이 떨어진다

노인의 눈에서 매달리던 손녀는 가마니 한 장 들고
뒷동산에 올라 책 읽는 소리 도란거렸다
노인은 시선 저편
가을바람이 건너와서 오색으로 물들인 풀잎들
바다 속 잔물결 이는 보물들이다

치악산

이번 휴가는 치악산으로 행선지 선정하고 가잔다
오르는 길에 갈참나무 터널을 이루었다
거북등 모형을 밟으며 걸어간다
휴가철에 산 오르는 이들의 행렬이 길다
아직도 산 정상은 높은데
땀방울 닦으며 산중턱에서 몸속의 열기까지
내뿜었다
저 건너 산골짜기 고목은 언제부터 서 있었나
밤에도 묵묵히 서 있는 나무
바람이 건너가서 흔들어도 잎들만 살랑거린다
산바람에 땀방울 식히며 지난 가을 다시 찾은 치악산
관음사 쪽으로 올라가는데
역시 치악산은 악산인 것을 걸음 내딛는 발길이 무
거웠다
올라가는 절 주위는 풀들이 무성했다
앞 법당만 돌아보고
손 내밀고 있는 아기부처님 손에 사탕을 얹어놓고
쉽게 내려가게 해주세요
무심코 중얼거린다
장면들을 촬영하며 내려왔다

돌아보니 아래 내려와 서 있다
올라갔던 길을 되돌아 가보았는데
그곳에 언덕배기도 아니었다
잘 내려왔구나 숨을 돌리고 바위에 걸터앉아 본다

눈이 내리네

하얀 눈꽃들이 미소 지으며 날으네
펼쳐놓은 하늘문에 수놓는
설렘이여
새겨진 내 가슴속에
묻어나네 그대로

낭만의 속삭임 꽉 채워진
보고픔들
애틋한 기다림도 지친 맘
짓눌릴까 남몰래
새겨 넣고 뜨거웁게
지샌 밤

가슴속 도란거려 보고픔
밀려오면
기다림도 움켜쥔 채
씻어 가며
여전히 보듬어 안네
그날처럼 자꾸만

러시아의 정교

러시아 한 마을은 버드나무 가로수들이 즐비하다
꽃들이 바람의 힘으로 날고 있다
붉은 광장 지나서 언덕으로 정교가 보인다
가까이 갈수록 교회당 큰문은 웅장하고
두 손으로 밀고 들어서는데
시야에 들어오는 빛이 있다
신도들 머리에 쓴 미사보가 바람에 날린다
살랑살랑 치맛바람 나부끼며
천장 아래 바람벽에는 성서가 붙여있고
지상에 천사들은 기도를 올린다
미사보 속으로 보이는
얼굴들은 지상에 내려온 천사들이다

바람이 되어

어릴 적 그때부터 무엇을 찾고 있었을까
나무에 올라서 허공을 응시하던 소녀는
글을 쓰기 시작했다
시인이 되어
글쟁이들 속에서 함께 가자 하니
텅 빈 두뇌는 현기증을 느꼈다
가라사대 왈
두뇌를 두드려 본다
사물을 바라보는 시야는 밝아온다
시 씨앗을 찾으러 가자
감자는 왜 둥글게 생겼을까
고구마는 왜 길쭉하기만 한가
콩나무 뿌리에 둥글둥글 달린 것이
거름이 된다는 것을 그때야 알았다
까치머리 될 때까지 걸어온 인생은 짧았지만
나름대로의 보람을 느껴본다

아쉬움

가을꽃 피는 산언덕에 자꾸만 돌아보는 것은
지나간 여름이 아쉬워서

더위를 참지 못해 그늘 찾아 지난여름 피해 다니던
생각이 부끄럽다

건물이 우뚝우뚝 들어선 도심 지역에
보도블록 덮어버린 바닥 틈새로
종족을 지키려는 싹들이 납작 엎드려서
볕뉘를 쪼이는 것을 보았다

강가에 저녁나절 가로등불 눈부시다
미리내 강가에서 둥싯거리고
초겨울 하늘은 푸르러 깊이를 가늠할 수 없다

훈풍 불어오면 내 고향 푸르른 대지 위에
보리밭 사이 냉이꽃 피던 옛날이 그립다

사마천 사기전집

인천 동막 평생학습관
벌떼처럼 모여들던 우리의 둥지
이번 강의는 사마천에 사기편을 배운다
스승의 가르침에 오늘도 공자왈 맹자왈
사기전집 사마천이라는 학자는
슬픈 일을 겪었다
못된 과거를 가진 후손들이 살고 있는
사마천이 살았던 곳 땅을 밟기도 싫었다

학우들은 슬픔에 잠길 새도 없었다
코로나 19 못된 병마가 지구에 왔다
긴장 속에서 창밖을 내다볼 뿐
그 해는 꽃들도 혼자 피고 지고 봄은 그렇게 지나갔다

시를 찾으러 간다

칠십 고개에 또 하나의 인생길을 선택한다
하늘과 땅은 문학의 길을
쉽게 열어 주지 않았다
심장은 사시나무처럼 떨리고 생각 주머니는 열리지
않는다
시의 눈일까
고립된 영혼은 깨어날 줄 모른다
눈 깜짝할 새 하나 날아든다
신기루 너와 있을 때는 푸른 초원으로 달려간다
인고에 시달려 때로는
추들추들 시든 풀처럼 기운이 없다
뛰어나가고 싶다 어데로 가야 하나
무작정 나가련다 눈물길 밟고 고행을 한다
저 언덕을 넘어서야 봄은 찾아오리라

외출 중에서

홑옷 입고 외출 중에 겨울이 찾아왔다
강추위가 시위를 한다
얇은 옷 속에 있는 불알이 얼면 대각거리다가
입춘 맞이를 해야 녹는다는데
움츠린 발길에 지인을 만났다
떡만둣국 한 그릇에 나는 부자 부럽지
않았다네
생각지 않은 호강에 지하철 타고 오는데
볼기짝이 따뜻해지고
병든 닭처럼 졸면서 돌아오는 길
지나치지 말고 내리라는 벼락같은 전화 벨소리에
화들짝 정신을 가다듬고
집으로 돌아왔다네

청안의 시원(時苑)

이얀 떡가루 축복으로 간간이 뿌리던 날
시비가 기다리는 시와 숲길로
향하는 발길
하늘엔 흰 구름들 앞 다투어 날아다니고
동산엔 나무들도 호들갑을 떨었다
발 아래 자갈들은
청안에서 시인들이 온다고
눈 섞어 옹심이 죽을 쑤고 있었다
바람 잔 동산엔 문우님들 시를 안고
빙긋이 웃는다
주인을 반기는 시비들엔 작가의
시심이 반짝반짝 빛난다
아직도 끝없이 흐르는 시어들의 대화
실타래 풀고
청원의 시원(詩苑)에는
영원한 시혼의 꽃이 활짝 피었다
돌아오는 발길엔 시인의 가슴마다 시향이 넘친다

하늘 정원

흰 구름 둥실 떠가는 하늘 정원에서
오후의 갯바람에 코스모스는 춤을 추고

갈대숲 외길 따라 징검다리 건너
온갖 꽃들이 고개 치켜들고 하늘을 바라보면
구름이 품고 있는 강아지 염소들이
뛰어내리려다 흩어진다

쭉쭉 뻗은 활주로 비행기들 날갯짓에 바람일고
한 둘씩 나타나는 저녁별들
공항의 숨소리
비행기들 주파수 따라 기착지로 향하고
땅거미 스며들고 길옆에서 파란 잎새 날갯짓하는
대지는 어둠이 깔린다

자연의 소리

나무는 겨울바람에 흔들려 굳어진 몸
봄이 되면 가지들이 싱그럽다

나무는 겨울에도 숨 쉬고 있다
고체에 가지들이 푸르게 휘덮고서
파란 모자 파란 얼굴 하얗게 이를 내놓고
웃고 있다
감꽃 떨어지는 날
감꽃 주워 풀대에 꿰는 날은
발걸음이 바쁘다
바라보던 제비꽃이 고개 숙인다
뻘쭘하게 서 있는 냉이는
씨앗들의 아우성에 자손들 챙긴다
만물이 태어나는 아름다운 자연의 소리

의숭아

마당 귀퉁이 모여서서 무성하게 자라는
접시꽃

동그란 얼굴에

꽃분홍 연분홍 하얀색의 꽃

꽃들이 피어날 때

꽃잎이 떨어지면 주머니 옆에 차고
씨앗을 잉태한다

차곡차곡 꽃대는 위를 향해서 오른다

그래서 선비의 꽃이라 했으나

선비의 정신으로 피고 있는 의숭아

2
칡뿌리와 등나무

히말라야

높푸른 하늘자락에
사뿐히 내려앉은 붓다의 깨달음
헤아릴 수없는 고통 生 골짜기는 숨을 쉬고
능선은 햇살에 비쳐 설원은 눈부시다
설산은 중생의 번뇌 산산이 흩어지고

하늘의 신비 도도히 흐르는 산맥 대자연 앞에
비밀의 강줄기 그리움 토해낸다

백색의산 영혼을 품어 잠들게 하는
태곳적 사연을 머금은 찬란함
산맥타고 강줄기 내려와 호수를 이루고
설산은 강물에 기웃거리고
파문의 날개짓에 안나푸르나 묵시룩을 쓴다

여뀌

알알이 연지 바른 여뀌들이 강을 찾아 내려가다
풀숲에서 여름 보내고 있다
올 금년에 피울 씨앗은 남겼을까
부르는 소리 들려오는 듯 귀 기울여 본다
옆에는 무심한 키다리 수수갈대만 흔들거리고
오밀조밀 길섶에 서있는 너
여뀌들 마디마디 무릎으로 발밑까지 내려왔는데
개여울과 동행하고 싶어서일까
그 외로움 물고기와 벗하고 싶을 게다
혹여 초등의 낫질에 다칠까 행인들 발길에 짓밟힐까
풀숲 그 자리 돌아보며 간다

봄날은 간다

진달래 피던 날
두견새 밤새 울던 그날 떠나갔다
평생을 허덕였지만 땅 한 평
장만하지 못하고
빈터에 무너진 집 벗어놓고 간다

멀리서 굽어보던 고려산
영혼을 데려다 꽃밭에 묻어 주고
두견새 우는 사연인가
죽어서야 안식처 찾아 영원으로 돌아가다

가을 동산에서

산어귀 라일락 잎 푸르게 나부끼던
잎들은 초콜릿 심장되어
바람에 흔들린다
산바람이 가지를 지날 때면
잎들이 새가 되어 따라서 날고
찬바람 쓸고 가는 언덕에

억새꽃 댕기머리 바람에 흔들거린다

가을 산 나무에 점박이 잎 그늘에 달려있는 고욤

과수원 지킴이

선구자 뚜벅뚜벅 걸어가는 길 따라
기 빠진 영혼들 줄서고 간다

채우려는 욕심이 앞을 가려 스스로
양가죽을 몸에 걸치고 자식을 제물로 바쳤다

애가 타 부르짖음 사탄으로 몰아내고
어린 양들 보금자리 빼앗은 냉혈 피

과수원 지킴이 부모 뱃속에 잉태되어 머물었던
인연을 혹독하게 치르고 있다

빛을 따라 가는 길 일렁이고 헛것을 본다
내면의 소리는 어디에 두고 표류되고 있을까

젊음이 그대로인 줄 알았다 거울 속 비춰진
노쇠한 모습에
노인은 두 손 감싸 안고 통곡했다

늑장 부리던 사과 하나

바람이 내 옆구리를 툭툭 치며 떠나라 하네
햇살에 물어본다
대지에 나를 던져야 하냐고
지구의 만물이 왁자지껄 하더니
모두 떠나갔다 바람결에
웅크렸던 몸 일으켜 뛰어내렸다
산모퉁이 지나는데
바람이 산 어귀서 또 뺨을 후려친다
붉은 볼이 더욱 붉어졌다
발길은 언덕 너머 힘겹게 굴러가고 있다
옆으로 보이는 가을 산
잎들이 오색으로 찬란하다
오! 나의 길
햇살 고운 그대 만나려나

마음에 시가 있다

배움에 부쳐 시를 안고 돌아오는
뱃속이 허전하다
인천고등학교 마당 끝에
까마중 열매들이 주렁주렁 달려 있어
종족을 남기려고 비스듬히 서있는 처세
한 움큼 따서 입에 털어 넣었는데
단맛이다

빨간 구기자 두 알 따서 깨물었더니
입맛이 쌉싸래하다

학교 담장에는 때늦은 장미들이
꽃들을 송이송이 달아놓고 웃음으로
행인들 발걸음 멈추게 한다

허기를 채우려고 발길은 집으로 간다

나팔꽃

지나가는 비에
고추잠자리 높이 날아 푸른 하늘로 치솟는다
시나브로
섬 돌길 덤불에서 꽃이 피어난다
성당 돌 틈새 뿌리내리던
나팔꽃도 담벼락에 덩굴 기지개 펴고
꽃잎들을 달고 있다
매표구 지붕에도 내려앉은 연무 속에서
함초롬히 나팔을 분다
가을을 부르는 소리다
기울어지는 햇살이 아쉽다
나팔 소리 울려 퍼지는 광장으로
해맑은 가을하늘이 사뿐히
내려앉았으면 좋겠다

갯마을 풍경

억새풀 기웃대는 가을 언덕에
기러기 날아와서 논바닥에 내려앉아
떨어진 벼이삭들 주워 먹는다

텃밭엔 서리 맞은 고추들
울긋불긋 점박이 얼굴로
매달려 있고

기력이 다한 맷돌호박들
감나무 아래서 하얀 서리 덮고
뒹굴고 있는데

산비탈 위 소나무 숲엔
거자필반(去者必返)을 외치는
거대한 썰물 소리 요란하다

물 위를 걷는 아이

지난날 한 마을에 토속으로
언제부터 짝으로 가던 갑돌이 갑순이일까
토라져도 지켜보면 그때 그 자리
전생에 인연으로 만나서
둘 사이에는 아기가 태어나고
섬집 아기는 진주를
줏으러 바닷가로 나간다
물 위를 첨벙첨벙 걸어서 간다
잡힐 듯 하는 환상을 따라간다
눈 비비고 일어나서 무엇을 찾아 가는가
방게들이 나와서 놀다
구멍으로 들어가 숨는 바닷가에
물 위를 첨벙첨벙 걸어서 간다
파도가 저 멀리서 치마폭을 넓히며 달려온다
아이야 돌아오라 너를 안고 가려나보다
아이를 덥석 안고 돌아서는 어미를 멀건히 바라본다

칡뿌리와 등나무

배배 꼬인 등나무
부둥켜안은 걸까
그래도 등꽃은 예쁘구나

너와 나
배배 꼬인 세월
가만 보니 갈등의 줄기를 타고
물오른 향기가
수줍은 듯 퍼져나간다

꼬여서 질긴 동아줄 되듯
갈등의 타래를 타고 오르는
그 꽃향기 진하구나

이상설의 유허비

잡풀 속에 잠든 이상설
러시아 라즈돌라니아 수이픈 강가 옆에서
선인들 발자취가 남아있는 곳
독립운동가 이상설, 이준, 쵀재형 이 사람들
'이곳에 터를 잡아
독립이 되는 날까지 개선의 길을 돕겠습니다!'
그러나 조국의 독립은 쉽게 되지 않았다
함께하던 동지들은 기다림에 지쳐 조국으로 돌아가고
몇 명의 권고도 물리친 채
이상설 이루지 못한 독립에 마음 다지고
내가 죽거든 모든 기록을 없애고
화장해서 저 강에 뿌려라 말했다
이상설은 지금도 발해성터를 지키고 있다
그의 유언을 받들어 강가에 영원히 잠들었다
발해성터 식량이 되었던 씨앗들
잡풀이 되어 뿌리내리고 산다

시안 화산(華山)을 가다

시루떡 쌓아올린 저 높이를 바라보는
시야가 아찔하다
옆에선 바람벽 같은 돌벽이 솟아 있다
하늘과 닿은 봉우리
나무들 병풍을 두르고
화산 찾아가는 실버들 지팡이를 찾는다
케이블카에 몸 싣고 유리 창밖으로 보이는 광경은
빨간 새 산골짜기 내려가고 산악지형 고도로 날아오르며
산봉우리들 휘더듬고 간다
아름다운 스케치 표현하기조차 숨 차오르고
신들의 작품일 것이다
'어느 아기 엄마는 두 손으로 얼굴 가린 채 아들에게 다 넘어왔어?
의연하게 말하는 아들 조금만 더 기다려 속삭인다'
제비처럼 나는 빨간 새
멀리서 우뚝 막아선 대머리 산 할아버지
입을 따악 벌리고
빨간 케이블카는 산 할아버지 입속으로 들어간다

하와이

밤하늘 가르며 날아가던 여객기
착륙지 새벽을 밟고 있을 때
대해는 용트림한다
붉은 양탄자 사이로 태양이 웃으며 얼굴 내밀고

야자수 병풍 두른 와이키키 해변
햇살이 바다에 진주를 퍼부었다
새벽잠에서 깨어 젊은이들이 해맞이 간다

야자 잎에 걸터앉은 흰 구름
물먹은 야자 잎이 햇빛을 받아 싱그럽다
파도 치마폭 펼쳐 너울거리며 날아오르는 새
쉬지 않고 움직이는 여행객들 시간이 흐른다
수평선 끝자락에 구름이 꼬리 달고 모여들고
서퍼들은 해넘이에
백사장에 주저앉아 아쉬움을 그린다

와이키키 해변

하와이 공항 활주로에 날개를 접고
이른 새벽 기내에 짐 챙겨 쉐라톤으로 발길을 돌린다
와이키키 해변 벌써부터 젊은이들은 파도 넘어
넓은 대해를 넘나들고
너울성 파도 오늘의 안전을 위한 살풀이라도 하듯
열두 폭 치마 펼치듯 너울거린다
숙소에 짐 놓고 옷 훌훌 벗어던지고
바다로 들어가 물속에 안겨서 간다
시간이 흐르고
허기가 찾아와 식사시간을 알려준다
숙소 돌아오는데 딸아이는 풀장에
또 들어가서 퐁당거린다
서쪽으로 구름이 모여들고
저녁 해는 대지를 붉게 물들이고
물속에서 나온 사람들은 모래바닥에 주저앉아서
물에 뛰어들어간 자세에
물이 무릎까지 차오른 것도 모르고 석양을 아쉬움에
보내고 있다
발길은 하와이 저녁 길을 걷고 있다
횃불들이 쌍쌍이서 거리를 아름답게 밝혀주고

고향의 향수를 불러온다
식당들은 등불을 나무에 걸어놓고 저녁 손님들 길 밝힌다

유물 많은 우즈베키스탄

우즈베키스탄 쌍둥이 사막에는
키칠쿰 카라쿰 모래바람이 휩쓸고 다닌다
가시나무 모래바닥에 묻혀 광풍에 시달렸다

하얗게 무릎까지 회칠한 늙은 뽕나무 가로수들
나뭇잎이 황금색으로 물들어 있겠지

목화밭 하늘 끝에 닿아 있는 수평선
소떼들 마른 풀잎 되새김질하며
해넘이를 바라보는 껌뻑이던 눈

변두리 재래시장 아기 등에 업은 아낙들
물건들 장터에 나앉아 있고
지난날 내 어머니들이었다

장맛비 지나가고

새벽 하늘에 우중충 먹장구름 떠돌더니
물폭탄이 쏟아진다
지나가는 비 아랑곳하지 않아
새벽에 길을 나선다
입추가 다가오는 선선한 바람들이
옷깃을 스치고
카카오톡 소리에 열어보니
친구는 새우튀김 직업을 바꾸었나
장갑 쓴 손 흔들고 있는 영상 보여주네
깜짝 놀라 전화하고

코로나 고얀놈이 덤벼들어 앓고 일어나서
두 다리 후들거렸다고
튀김이 먹고 싶어 그 모습이 보였다고

쥐똥나무 목이 타

초여름 타는 불볕 잎들이 시들어 간다
피려던 쥐똥꽃들 길가에 아스팔트

길섶에 안타까운 옥잠화 하늘에게
손 저어 호소하고

햇살은 알아듣지 못하고 대지를 달군다
하늘도 한 보지락 빗줄기를 내릴 생각 없다

지난 이야기들

동막에 사시는 노교장님 문병 다녀오는데
옛 배움의 학당이 궁금하다
발걸음은 관내에 들어서는데
마침 공휴일 침묵이 흐른다
총무실 두 직원만 반긴다
후문 돌아 입구 옆 봄 벚꽃 피면 목조 계단에
피고 지는 꽃들이 모여서 예쁘게도 장식하고
꽃 밥상 차려놓던 목조계단 벤치에 앉아서
꽃들에게 말을 건넨다
나무들은 봄 준비 하는지 우듬지에 가지쳐낸
흔적만으로 성장을 알리고
공원으로 가로질러 넘어가는 계단에는
지난가을 낙엽이 싸여 있다
상수리나무에 가랑잎들 매달려서 와삭거린다
시엔 앞에 발길을 멈추고 친구들이
찾아와서 함께 먹던 탕수육 맛을 떠올려본다
빕스는 여전히 무게 잡고 서 있다
송추가마골 갈비탕집은 오늘도 북적거린다
박자 없는 콧노래 부르며 한 컷씩 찰칵거리던
그때 지나가던
그 자리들 해설피 웃으며 지나간다

석류나무

고향의 마을에 검은 기와집 큰대문 밖에 서 있는 나무
겨울 나목은 앙상하게 잔가지들
추위를 견디고
양지쪽에 서 있지만 바람이 지나가다
펄럭이는 나무껍질 이고 간다
니무는 바람 맞으며 껍질을 벗어버리고
겨울 회색나무
계절의 훈풍에 잠이 깨어 푸른 옷
갈아입고 5~6월이면
잎새 곁에서 빨간 꽃들이 피고
원숙한 아름다움을 표출한다
열매들 주렁주렁 달고 집안에
자손을 상징하는 복주머니들은
지나는 사람들을 돌아보게 한다
무르익은 석류들의 웃음이 마을에도 복이 온다

3
계절의 수채화

계절의 수채화

강변에 봄소식 날아들고
겨울이 지나가며 부산떠는 소리에 주위가 어수선하다
쑥들이 나와서 햇볕을 쪼이고
겨울을 털고 있는 소리쟁이
잔디 위 파랗게 이불 편다
제비꽃 다소곳이 고개 숙여 수줍어 하고
노란꽃 민들레도 방긋 웃는다

벚꽃잎 하롱하롱 떨어지는 날
아, 그날 내 마음에
푸른 초장이 펼쳐지려나

까치들의 행진

까치가 '까치까치 까치' 하고 운다고 한다
닮았다 까치머리 까치들의 두뇌보다 못해
까막눈 까막까치
인고의 틀에서 블랙홀을 빠져나온 사람들이다
까막눈 아들 딸 남편까지 출세시키고
이제야 놓쳐버린 세월을 찾아서
늦깎이 학생이 되었다
자음 ㄱ ㄴ ㄷ ㄹ ㅁ ㅂ ㅅ ㅇ ㅈ ㅊ ㅌ ㅍ ㅎ
모음 ㅏ ㅑ ㅓ ㅕ ㅗ ㅛ ㅜ ㅠ ㅡ ㅣ
목청을 돋우어 본다
선생님 가르침에 머리 쥐어짜고 돌아오면
소매 걷어 부치고 주방일이 익숙하다
세월아 멈추어라
할 일 많이 있어 학문의 길 멀기만 하다

낙엽이 가는 길

한여름 보내면서 우뢰같이 쏟아지는 비
담쟁이 단벌옷이 뚫어져 너덜너덜 해진다
가을이 오는데 자식들은 손잡고 옹기종기 모였다
가을 비 창밖에서 멈추지 않고
차가운 회초리에 담쟁이들 가을꽃 핀다

억새는 은빛머리에 우수수 낙엽들이 날아서 내려앉아
댕기머리 수줍어 고개 들지 못하네
은행잎 새가 되어 비상하는 허공으로 참새들이 날아
간다

수북이 쌓여있는 낙엽무덤, 시선으로 바라보는
가을을 보내는 아쉬움에 목이 메인다

봄의 전령사

청라강 언덕에 어둑어둑 그림자 밟으며
뚜벅뚜벅 새벽길 걷는다
아카시아 나무 아래서 밤을 보낸 들국화
서로 마주 보며 웃고 있다
파릇파릇 새싹들 다투어 올라온다
여명이 밝아오는 강 건너
무지개 누리를 찬란하게 비추는데
강변이 술렁댄다 송사리 물속에서 꼬리들 살랑살랑
수초에 들락인다
한 마리 새 봄 향기에 취해 날고 있다
두 날개 부치고 총알처럼 치솟더니 강변 나루터에
내려앉았다
희뿌연 하늘이 얕은 줄 알았나 보다
새는 부리로 날개를 다듬어 본다

가을 사랑 저 언덕에

억새꽃 포실포실 부드럽게 손짓하나

보라꽃 쑥부쟁이 나 여깄다 함박웃음에

갈바람 속살거리며 손 잡으라 말해 주네

지리산 가을을 거두다

하현달 기웃하게 산봉우리에
걸려 있는 새벽 하늘
지리산 기슭에 돌 하나 피로 물들어
흐르는 물에 씻겨 내려가지 않고
지나간 사연 움켜쥔 채
피아골 바위가 되어 있다네
그 원혼 누가 달래줄 것인가
나뭇잎 덮어준 산 감나무
발가벗은 것이 부끄러워서
칡넝쿨 덮고 밤이슬 견뎌내고 있다
실개천 쏟아지는 감잎들
단풍잎 배 되어
물결 따라 지향 없이 떠가는구나

허수아비 점안식

고향에서 저녁이면 초가지붕에
하얀 박꽃 피던 날
창가에서 내다보는 산자락에
어둠이 드리워지는 시선을 던지고
생각에 잠겼던 날들을 떠올려본다
어제는 가장 까까운 친구와
대화를 하는데
엉뚱한 발언을 해대며 내가 했다는
생트집을 부렸다
치매 끼가 발동했을까
아쉬움에 뒤돌아보는 너를 점안식으로
나름대로의 내일을 생각해 본다
주위에 저런 사람이 있다는 것이 불행한 것일까
인생 산다는 것이 허무를 느껴본다
정원에서는 어제 불던 바람이 불고 있다
같은 나무들이 같은 방향으로 기웃거린다
전분세락(轉糞世樂) '개똥밭에 굴러도 이승이 좋다는데'
친구야 좀 더 힘을 내보자

단풍 꽃 피는데

석암산 나뭇잎들 단풍질 때
산까치 나무 위에 날아서 오르내리고
은행알 바닥을 치며 떨어져 구른다

겹겹이 나무 그늘 벗어난 모과들은
저 높이 볕뉘 찾아 오르고
높은 곳에 샛노랗게 익어갈 때

갑자기 어두워지는 하늘에서
쏟아져 내리는 구름같은 함박눈이
새하얗게 산을 덮는다 구사목에 하얀꽃들이 피고 있다

한 마리 새 날아가는 날개 끝에서 바람이 인다

* 우리동네 뒷산 이름이 석암산이다

만수천 재두루미

벚꽃이 흐드러진 봄 언덕에
늘어진 매화가지 휘적이고
만수천 재두루미 혼자 날아왔다

어디에 짝을 잃고
여기에 날아왔나

수양버들 얼기설기 난을 치고 수로에 날개 접고
물 고인 웅덩이에
외발로 초연히 서 있는 너

고고한 선비걸음 뚜벅뚜벅
하늘을 물끄러미 바라보는 재두루미
바람이 재두루미 댕기머리 날린다

설 산

지구에서는 여러 생물체가 있다
동물들 식물 산소 물 공기 흙 들판 빛 바람
함께 공존한다
바닷물 속에는 돌이 있다
지각 대륙판과 맨틀이 부딪치면
불끈 솟아오르기도 한다 산이 잉태 되었다
고톤과 생(生)
그렇게 태어나서 지켜보는 세월에
설산이 되어간다
강물은 영원의 시간을 흐르고
소리는 계곡을 돌아 메아리로 돌아온다
시린 바람에 뒤돌아보고
동에서 여명의
황금빛 나래를 펼치면 설경이 찬란하다
태곳적부터일까 그렇게 반복되고 있다

첫사랑 사모곡

달맞이꽃 피던 언덕에 그대는 누구입니까
심장이 덜컹대고 있습니다
담뱃불 불꽃을 남긴 채 서성이는 그림자
창문 너머로 그대를 보고 있어요

붉게 불타던 사랑도 끝나고
헐겁게 매달려 춤추던 잎새의
가버린 그리움이 아름답다 못해 슬픈 건
못 잊어 잊지 못할 기억 때문일 테지요

누군가 가을을 묻는다면
발그레 슬픈 꽃이라 말을 하겠습니다
메말라 떨어지는 꽃비기에 대답하라
말없이 떨어지는 낙엽도 누렇게 채색돼
바람과의 혈투 속에 누려야 할 승부가 아니던가

높은 창공을 향해 훨훨 솟구쳐 오르는
삶이 너에겐 나을지도 몰라
들숨의 상념이 넘나드는
빙그레 돌아가는 바람개비처럼

환상의 연극 주인공이 그대의 생존 이유가 거기 있다

그대의 바람 향기
비어 있는 내 코끝에 지금도 맴돌면 좋겠습니다

친정 가는 길

고향 길옆에 서있는 머리 풀어헤친 억새꽃이
가을 햇빛에 졸고 있다
산모퉁이 마른풀 냄새가 코끝에서 맴도는데
언덕에 살던 코스모스 꽃들이 간 곳 없고
낯선 꽃들이 자리하고 있다

여름내 푸르던 잎들이 퇴색되어
지붕 위에 떨어져 뒹구르고
떨어지던 나뭇잎들이 나무에 매달려 있다

주황색 물든 산들이
주섬주섬 가지색 옷으로 갈아입는다
이 저녁 밤공기 차가운데
검푸른 우주에서 별들이 반짝인다
뎅그렁 편경 소리 들리는 듯
오늘은 고향 하늘 아래서 하루를 접고 있다

질투는 자기 발등을 찧는다

이웃의 좋은 운세를 시기하지 마라
오지 않는 행운을 기다리지 마라
시기와 질투가 넘어뜨리려 해도
마음 다스리며 기다리라
다가오는 슬픔도 감사하라
스스로 삶을 중요하게 여겨야 한다
마음 나눌 수 있는 친구에게 감사하자
입가에 미소 짓는 것을 잊지 마라
약속하지 않아도 계절이 찾아오듯이
청솔은 푸른빛으로 청청하게 있다
진흙 속에서 피는 연꽃을 바라보며
그대의 우아함이여 경의를 표하라
진흙을 밟고 서 있네 말할 필요 없다고
사람은 살아가면서 때묻은
껍질도 벗을 줄 알아야 한다

미추홀 역사를 거닐다

언덕길을 따라 오르면 전설처럼 서 있는 홍예문
역사를 따라서 많은 연인들이 헤어짐과 만남으로
터널을 오고 갔다고 한다
여기에 또 하나의 성공회 긴 세월을 가고
가톨릭 대세에 밀려
성공회란 연륜만 말해 주고 있다

김정호 청구도에도 빨간 점으로 찍혀 있는
역사의 산 문학산
비류의 미추홀 해상국가
6개의 지명이 바뀌면서 문학산이 되었다
능선 따라 연경산 걸처 학익산(鶴翼山) 아래
학이 날개 편 형상
아랫동네 학익동이 되었다고
학산서원 능허대
산골에서 흐르는 샘터 팔미도까지 펼쳐진
땅속의 연결고리 산중턱에 있는 샘물
찔러 넣은 홍두께는 팔미도 바닷가에 떠다닌다

허공에 흩어지는 연서

소리가 귓가에 들리는 듯 무심코 창밖을 바라보는데
한 조각의 주황 구름 남쪽에서 풍악 소리 스친다
돌이켜보는데 사라지고 하늘은 회색 구름들
과학의 현실을 직시하며 창문을 닫았다

알 수 없는 인연의 끈을 잡고 나타난 현상에 생각에
잠긴다
내버려두자
맑은 하늘에서 차창 유리에 이슬비 뿌린다
비는 한 번 더 유리창에 뿌리고
알 수 없는 현상에
용의 자식이 어디 있나
중국신화를 떠올리며 두리번 화제를 돌려본다
차창에 햇빛이 내려앉아서 정오로 가고 있다

그 후부터 물가를 걷고 있는 한 인생을 지켜봐야 하는
생각이 멈추어 있다

신기루

산그늘 어둑어둑 다가오는
해지는 저녁
가로등 불빛에 그림자 뚜벅뚜벅 따라온다

귓결에 들려오는
소리를 바람에 날리려 하니
발길이 어둠 밟고 서 있다

당신이 갈매기 날개 위에 앉아서
돌아간 후에
허구에 가슴을 움켜쥐고
말없이 허공을 응시한다

빈 가슴 부여잡고
발걸음 휘청이며
후두둑 떨어지는 눈물
강물에 지난날 띄워 보냈다

호오말루히아 야외 식물원

능선 골짝에 공룡들이 꿈틀거리듯
골짜기마다 깊이를 가늠하기 어려운 곡선들
계곡을 넘나들며 살던 쥐라기
대륙에 인간들과 생존하기 어려운 위험 동물들
과학이 화산 폭발시켜 살아지게 했을까

공룡들 살아진 지 오래전인데
식물원 산속 깊이 한기가 느껴진다
호숫가 댐이 멀리에 자연이 그대로라 하지만
인적이 드문 구불구불 길들이
전율이 느껴지는 스펙타클
으스스 나무터널
공룡들 서 있는 다리 사이로 간다
깊은 산속 햇빛이 비추는 평야에는
노란 작은 꽃들이 서로 웃고 있는데
자연 그대로라고 힘주어 말하고 있었다

윤회설

쿵! 쾅! 먹구름 속에서 천둥치던 날
회오리 바닷가에 너를 내던지고 사라지던 날
한 손에 꽃반지 끼고
툭툭 털고 뚜벅뚜벅 걸어가는데
그 자리에 후두둑 빗방울 떨어졌다

시의 눈으로 찾아왔나 그날부터
한 개의 눈이 깜박거린다
밤이면 심장에 들어앉아서 울부짖고
새벽이면 날아가서 저만치서 서성거린다

세월에 지친 슬픔 으아리 새 되어서라도
날아보아라
인연을 뒤로하고 정착지 없는 生의 연가

백발이 찾아와서 성글어 있다
늙지도 못한 것은 네가 못 알아볼까 봐서다
걸음을 느릿느릿 걷는 것은 기다림이 있다

중년을 넘어서며

고향길 들어서면 가을꽃 피고 있다
만추의 노래가 넘실댄다

단풍잎 떨어지는 둔덕에서
색동옷 입고 까치설날 기다리나

언덕에 고목으로 서 있는 낙엽송들
나뭇잎 흔들리는 소리가 요란하다
참새들 날아와서 쉬었다 날아간다

날아서 신작로 위 새 떼들 건너가고
보이는 논두렁에
농부는 마지막 가을걷이하고 있다

환자들의 리허설

집안에 큰소리가 튀어나와
딸님이 가지덮밥 한다더니
으아악 가지가시 찔렸다고 껌벅 넘어간다

옆구리 담 왔다고
한방에 다녀오던 남편 님이
현관문 들어서며 병원가 봐
비스듬히 서 말한다

보조기 허리에 찬 엄마환자 가시 빼고
파스도 붙여주고
가시 끝 남았다고 빼주려니 딸아이는 엉엉 울어
어이구 관세음보살
방으로 들어왔다
훠이~

4
모래탑 쌓다 떠난 사랑

화전 밭 풀 뽑는 여인

인연에 마주앉아 백지 위 밥그릇을 두 개 엎어
국그릇 수저 얹어 걸쳐있는
세 개의 접시에는 봄들이 앉아 있다

어깨와 근육 없이 훌쭉한 배
빈손에 태어나서 당신이란 남편 만나
당신의 웃음 찾아 인생을 그려 본다

삶이란 멍에 지고 뛰고 뛰는 화전 밭
잡풀을 움켜쥐고 미래 설계
시선은 저 먼 곳을 향해가고 있네요

봄맞이

더듬는 추억 속에 달빛이 내려앉아
토실한 버들가지 초롱초롱 싹이 트면
옛 모습 남은 가지엔 내 유년의 꽃이 핀다

속삭임 따라 오듯 물든 봄빛
내 눈물만 따라와서 말없이 말없이 주저앉아
살아온 삶의 고리에 애틋함을 끼얹네

결 고운 세월들을 흩어낸 저 하늘가
마음의 창을 열어 잊혀진 시어 살려
살가운 그 품에 안겨 봄꽃으로 피고파라

가을 풍경

햇빛이 수목들 잎에 부서져 내린다
가을이 오고 있다

빛바랜 자작나무 잎들이 황금색이다

산딸나무 열매 한 알 빨갛게 익어 있어
푸른 잎 사이에서 빼꼼히
내다본다

언덕에는 때중 나무들 조랑조랑 열매 달고
나뭇가지에 금강경 오천 획 걸어놓고
목탁 소리 들리는 듯하다

때중들 조랑조랑 염불하고
내리천 꽃비 맞으며 서방정토 찾아간다

동백꽃

삐뚤어진 가지 하나 화분에 심어 놓고
아침마다 사랑을 나누어 본다
화단에 햇빛도 쪼여본다
지난여름 천둥 치던 날
번개 치던 날
화분에 들어앉아 화단에서 집념으로 자라고
그해 여름은 유난히도 덥더라
그해 겨울은 엄동설한이더라
삼월이 생일인데 설날 찾아온 동백아
꽃잎 접시받침에 샛노란 족두리 쓰고
새벽 아침에 내 앞에 와서 있다
동백아 사랑한다
설날맞이 준비한 너의 사랑에 눈시울을 적신다

외딴섬 허수들

여기에 섬을 썩게 하는 이방인이 자리 잡고 있다
마당 끝에서는 홍어들이 흐느적이고
방구석에서는 썩은 영혼들이 유흥에 환희를 느낀다

청정해역 섬으로 병마에 찾아드는 노약자들
주술적 강론으로 지옥문 열어 놓았다
영혼 빼앗긴 허수들이
스스로 뒤집어쓴 어망 속에 기억이 퇴색되고 있다
병마에 갇힌 영혼들은
악랄한 주술가에 목숨을 구걸하고
어망에 빨대대고 피를 빨고 있는 주술가
바다를 돌아다니던 바람이 날아들었다
괴성을 지르며 가버린다
곧 심판이 두렵지 않은가

먼지

어둠이 내리는 저무는 밤
사랑채 툇마루에 잠시 멈춘 먼지 이불솜 되려는 꿈 꾸고 있다
갈바람이 문풍지 파르르 틈 사이를 들썩일 때
문틀 사이를 느닷없이 날아든다
방 천장 바람벽에 걸터앉아 있다
밖에서 떠돌다 문풍지 타고 날아들었지만
답답한 공기에 기진맥진이다
휘감겨 끝이 없이 날아오를 산소도 부족하다
숨죽여 광풍에 휘말려도 날아오를 새로운 꿈에 젖어 본다

고려인의 정착

러시아 우스리스크에 고려인들이 살고 있다
천년이 지난 발해궁터 찾아간 곳에 풀들만 무성하다
궁터를 지나는데 고려인들이 먹다
두고 간 채소들 더덕, 쑥대들이 우뚝우뚝 서 있다
질경이 잎들이 바닥을 덮고 소리쟁이
씨앗들 옆구리에 달고 영웅들을 부르고 있다
발해를 지키는 옛 시인들 돌개바람
휘몰아치는 벌판에
우리들은 손에 손 잡고 건너가고 있었다
숲속에 잠든 유허비 유상설 유골은 유언대로
강물에 뿌려졌을 것이다
독립운동가 최재형, 유상설, 이준
그 당시 고려인이 척박한 땅에 자리잡고 사는
고려인 식당을 들어서는데 한구석에서 노인이
"아리랑 아리랑 아라리요"를 부른다
노인 이마주름이 지난 역사를 말해 주고 있다
구수한 흰쌀밥에 김치, 두부전골, 버섯볶음
고사리, 잡채까지 내놓고
그 사람들이 우리에게 친절하던 모습이 떠오른다
아리랑 부르던 노인
손 한번 잡아주지 못한 것이 아쉬움으로 남아 있다

나는 가야지

시향을 찾아서 허공에 물어본다
평원에 눈길을 돌려 시어를 찾아본다
시어들 날개를 펼치고 날고 있다
구름에 전해 본다
바람에 마음을 얹어 따라가 본다
강을 건너 산을 넘어 기억을 띄워본다
시그널 어게인
꽃길에서 말하기를 군자의 번뇌라 한다
햇살에 내 인생을 비춰 본다
중년의 격이라고
행복한 삶이 자박자박 나를 찾아오고 있다

문학초등학교

날개 편 학이 문학산 기슭으로 날아들고
초연히 서 있는 허름한 건물 속으로
입 벌려 스멀스멀 들어간다
학교는 몇 살이 되었을까
건물에서 꿈을 키우던
사람들은 나름대로 떠난 사연들
성인이 되어 길을 가고 있을 것이다
내일을 꿈꾸는 꿈나무들은 새록새록 자란다

벚꽃들은 어사화 준비하나 보다
오늘도 학동들 재잘재잘 생기가 돌고
마당 언저리 개나리들 팔 벌려 반기고 있다

박각시

낮이면 어둠 찾아 덤불에서 잠자던 박각시
해거름 드리워지면 푸득푸득 날아간다
불빛을 찾아 생(生)을 태운다
어떤 사연인가
달 밝은 밤이면 더욱 허둥대는 박각시
어둠 속 빈 허공을 날고 있나
초가집 지붕에서 박꽃 피는 날은
박꽃이라도 입에 물고 가려나
박각시는 혼자서 붕붕 날고만 있다

댑싸리 꽃에 매달렸던 풍뎅이들
박각시 날갯짓에 웅성거린다
영원을 좇는 박각시 불을 찾아간다

새벽 강가에서

갈대들 가지런히 서 있는 저 강가에
달님과 밤새도록 사랑하다 달맞이꽃 잠들고
길가에 쥐똥나무 위에
참새들이 모여 앉아 회의를 한다

악사들 노래하는 수수갈대 밭
물속에 발 담근 갈대숲에
구름도 내려와서 띠를 둘렀다
소슬바람 갈대를 흔들어 주고
송사리 떼 앞 다투며 달아난다

모래탑 쌓다 떠난 사랑

진달래 곱게 피던 날
인연 찾아왔는데 맺지 못하고 돌아서는
손에 쥔 피리를 불며 숨길을 돌린다

찾아온 사람을 잡지 못한 내 마음이 아프다
그때 그 자리를 기억하라고 외쳐대는 너를 보면서도
귀머거리처럼 알아듣지 못했다
사생취의(捨生取義) '삶을 버리고 외로움을 택한 너'
안녕이란 말을 하고 어디쯤 가고 있을까
뒤늦게 알게 된 너의 진심

사랑은 주는 사람도 받는 사람도 행복하다지만
마법의 귀는 열리지 않았다
가지런히 쌓였던 연서는 스치는 바람에 흩어지고

불씨는 꺼져버렸다
하얗게 웃던 얼굴, 가슴 아프게 멀어져 간다

노교수의 꿈

여기 청안의 시원(時苑)에서 문우들에게
시의 씨앗을 심고 피우라 한다
붓뚜껑에
목화씨를 숨겨 온 삼우당의 미소처럼
그렇게 글빛 얼굴로 살라 한다
오늘도 시인들은 소망의 시 씨앗을 뿌리고 있다
환상의 연극 속 주인공들
창밖의 바람소리에도 귀 기울이지 않는다
씨앗은 싹이 트고 명시를 배출해 내는 날
꽃다발 후드득 날고 있다

어린이와 블루베리

앞머리에 바나나 핀 꽂고 긴 머리 나폴나폴
소녀는 까치걸음 걸어와서
블루베리 하나 따 입에 넣고
다람쥐 볼 오물오물

또 하나 따서 소쿠리에 담는다
흔들어 다랑다랑 앳된 미소 보일 듯 말 듯
고사리 손안엔 종알종알
검은 보라 블루베리 사랑

밭두렁 걸터앉아 부들부채 바람에 날리며
빙긋이 바라보는 할아버지
노인은 들녘에 또 미래를 심는다

문경새재

가을 하늘에 시를 던지다
골짜기 굽이굽이 휘돌아 물 흐르는
계곡을 부딪치고 구르고 웅덩이에 모여들어
햇볕을 쪼이며 산다

선유구곡(仙遊九曲) 발자취 남긴 최치원
옥석대 너럭바위 휘감아 돌아 흐르고
물줄기 바라보는
나무들 목 축이러 갈 길은 바쁘다

괴나리봇짐 넘나리 휘적휘적 선비는 글월(文) 머리
에 쓰고 넘나들던
검정 바지저고리 검정 두루마기 앞자락이
바람에 나부낀다 갓끈이 날린다

중추절 영종도

추심이 앞선 사람들
대지에 낙조가 드리워지는데
차들이 영종대교를 질주한다

저 아래 대교 밑 나문재도 낙조를 입고
빨갛다
바닷물이 술렁거린다

파라다이스 호텔 라운지
바람벽에 걸린 베트남 풍경구에
낙조가 기웃거린다

룸에 앉아 있는 노부부 찻잔 손에 들고
스케치한 풍경을 지긋이 바라보고
낙조는 계산대 들러 나가버렸는데
부부의 청심은 아직도 베트남에 멈추어 있다

유리창 밖으로는 땅거미 지고
주위 어둠이 덮여 있어도 떠나지 않는 사람들

찻잔 속 보름달이 들어앉아서 바라보고 웃는다

히말라야 석가모니

석가모니 깨달음이 그곳에 숨 쉰다

세상으로 나와 일곱 걸음 연꽃을 피우고
'천상천하유아독존. 일체의 모든 괴로움
내 중생들을 위해 기필코 그치게 하리라.'
천명하였다

끝없는 가르침은 험한 계곡을 돌아 메아리로 돌아오고
설산의 시린 바람이 햇빛에 찬란하다

헤아릴 수 없는 고통 생(生)
만년의 시간을 말없이 지키는 눈이 되어 바라본다

강물은 영원의 시간을 흘러 동으로 닿는다
하늘에 닿는다

안나푸르나 산봉우리로부터 불어오는 바람이 시원
하다

한 방울 단맛에 갈등

어느새 칠십년을 넘어선다 눈 깜빡할 새일까
마음을 다스리며 걸어왔다
찾아온 너는 어떤 인연일까
사슬에 걸려 주저앉아 있는 걸까 덫에 걸렸을까
한 장의 종이 차이 뛰어넘지 못하고
두 주먹 쥐고 뛰다보면 내 손안에 네가 있다
내 또한 울고 있는 아이의 손 놓으면
블랙홀 속으로 빠질 것 같아
움켜쥔 손잡고서 놓지 못하고
타인이 불러도 돌아보지 마라
갈 길을 잃어버릴 수도 있다
알고 있는 잔소리에 익숙해지는 습관이 무섭다

착각이었다

사람들은 70넘으면서 모든 일손을
놓을 때이다
그러나 나는 많은 일거리를
움켜쥐고 뛰어다닌다
어제는 피곤에 시달렸는지 방으로 들어와서
깊은 잠속에 빠졌다
깜짝 깨어보니 훤하게 밝았다
서두르자 아침 통학길 가기 위한
준비에 바쁘다
주방 쪽 밖의 저녁 해가 늘어져있다
아하 낮잠을 잤구나
그때서야 폰에 시간날짜를 확인했다
방으로 들어와서 긴장을 풀고 침대에 주저앉아
전에 청라 살 적이다
공휴일에 버스 타러 갔던 적을 생각해본다

장마철 먹구름

새벽잠 눈뜨고 창밖을 내다보는데
산들에 나무들이 해무가 덮여있다
올해는 장미가 일찍 찾아와서
절기를 앞당겨 놓았다
장마철에는 구름들도 요사스럽다
오늘 아침 새벽 하늘에는 붉은 구름들이
휘 덮고 대지가 붉게 보였다
양팔을 꼬아얹고 다시 내다보았다
태양이 아무 일 없었다는 듯이 모든 사연
걷히는 여명
빛으로 지구를 샅샅이 뒤져본다
저 아래 아스팔트 바닥에
자라지도 않은 감들이 떨어져 뒹굴어도
시의 눈이 없어졌다
오가는 사람들은 저마다
재촉하는 시간에 발걸음이 바쁘다

시조

인연의 굴레

회오리 바람처럼
순간에 휘몰아쳐

바닷가 거센 파도
썩은 몸을 가둬가듯

역겨운 인연의 굴레
홀랑 벗고 일어서리

시조

나그네

해질녘 산기슭에 땅거미
파고드니

나그네 봇짐 풀어 쉬어
갈까 하노니

깊은 산 고요 속에도
세상의 정 느끼네

시조

대화의 향기

은은히 녹아드는
인연을 껴안으면

감성이 리듬 타고
채워지는 느낌들

그토록 목말라 했던
샘솟는 정 파고드는데

시조

해오라기

갈대숲 해오라기
부리를 수심 깊이 넣어서
이리 저리 먹이를 찾고 있다

주린 배 깃털 툭툭 털고
가늘게 움츠린 목 외발로 시린 한 발

가끔씩 하늘 보며
꺼욱꺼욱 울고 있다

산 너머 남촌
아지랑이 너울너울 봄소식은 어디쯤에

시조

저녁 노을

늦가을 지평선이 새붉게 일렁일렁
드높은 하늘자락 넉넉히 안긴 행복
오늘도 저녁놀 따라 쏟아지는 그리움

사색이 노닐 적에 보고픔 더 돋아나네
잡아도 달아나는 여백을 어이할까
어쩌나 아득한 울림 그 얼굴만 떠오르네

촉촉이 스며드는 아린 맘 내려앉아
한가득 다가오는 그 사연들 향긋해도
아련한 숨결들만이 두리둥실 떠있네

> 시조

중추가절(中秋佳節)

무덥던 더위 님도 계절에 못 견디고
가려고 하고 있다

둥근달 저만치서 온다고 말을 하네
바람이 설렁설렁 이마를 스쳐가고

산어귀 까치 소리들 마을에 손님 오시려나
빙 둘러 모여앉아서 송편을 빚는 사람들

• 시집 평설 •

자연 시심에서 우러나온 풋풋한 풀꽃 시인

이 광 녕 (문학박사 · 문예창작 지도교수)

　송원(松園) 김을순 시인은 풋풋한 풀잎 시인이다. 때 묻지 않은 자연 시심에서 우러나온 그녀의 시적 정서는 마치 시골 들녘의 파릇한 풀잎새에, 미소 짓고 피어난 엉겅퀴꽃을 만나는 듯하다.
　일찍이『한맥문학』으로 등단한 그녀는 벌써 네 번째 시집을 내며, 그녀의 문학적 감성과 끈질긴 탐구 정신은 그 창작 열기와 정성으로 보아 타의 추종을 불허한다.
　송원 시인은 필자에게 문예창작대학원 문학 강좌를 듣고 소정 과정을 수료한 성실작가이다. 필자가 특히 송원 시인에게 놀란 것은 산수(傘壽)를 눈앞에 둔 고령임에도 젊을 때 못다 이룬 최고 학력의 꿈을 기어이 이루기 위해 주경야독으로 배움의 길을 걷고 있다는 것이다. 각박한 현대인의 삶 속에서 작품 활동을 하고, 가사를 책임지고, 일상에 쫓기면서도 어찌 그렇게 만학도(晚學道)의 길에 서서 전념할 수 있단 말인가! 그 초인적인 의지와 기개, 그리고 용기 넘치는 도전 정신에 감동하여 고개를 끄덕이곤 하였다.
　풀잎 시인 휘트먼(1819~1892)은 풀잎을 '희망의 푸른 천으로 짜여진 내 천성의 깃발'이며, '풀은 그 자체가 식물에서 나온 어린아이'라고 노래하였다. 송원 시인의 눈에 비쳐 그려낸 작품 세계도 온통 푸른 빛이다. 풋풋한 풀내음과 산뜻한 전원의 풍경, 그리고 향기로운 꽃내음이 작품 전체를 관류하고 있다. 그러한 푸름을 향한 작품 세계는 그녀가 지나쳐 온 파란만장한 인생길에서 만난 어린아이 같은 순수한 잔상들일 것이다. 파노라마처럼 펼쳐지는 그러한 환영들이 푸르른 그녀의 순수 감성을 자극시켜 아름다운 시상으로 표출되었으리라.

작품 전체를 일일이 다 열거할 수는 없으나 주제별로 시인의 대표 작품들만을 대상으로 그녀의 작품 세계를 들여다보기로 한다.

1. 푸른 초장을 그리워하는 해맑은 순수 시심

초록색은 자연과 생명을 상징하며, 인간의 마음을 편안하게 한다. 그러기에 길거리 신호등의 안전 통행 허가 색깔도 초록색이다. 심리적으로도 초록은 긴장을 완화하고 마음의 평화와 안전감을 선사해 준다.

송원 시인은 푸른 초장을 그리워하는 해맑은 순수 시인이다. 그녀의 작품 세계 전반에서 드러난 색채이미지는 파릇한 풀빛이며, 거기서 풍겨 나는 풀빛 향기는 그녀만의 독특한 작가적 성향이다. 글밭에 드러난 작품의 풍모는 바로 작가 마음 바탕의 씨앗에서 우러난 것이다. 이러한 그녀의 작품 성향은 아마도 그녀의 바탕 심성이 본디부터 티없이 자연스럽고 청순하기 때문이리라 생각된다.

강변에 봄소식 날아들고
겨울이 지나가며 부산떠는 소리에 주위가 어수선하다
쑥들이 나와서 햇볕을 쪼이고
겨울을 털고 있는 소리쟁이
잔디 위 파랗게 이불 편다
제비꽃 다소곳이 고개 숙여 수줍어 하고
노란꽃 민들레도 방긋 웃는다

벚꽃잎 하롱하롱 떨어지는 날
아, 그날 내 마음에
푸른 초장이 펼쳐지려나.

-「계절의 수채화」전문

성경 시편에, '여호와는 나의 목자시니, 그가 나를 '푸른 초장'에 누이시며 쉴 만한 물가로 인도하신다'라고 했다. 여기서 말하는 '푸른 초장'과 '쉴 만한 물가'는 세상에서 가장 안정적인 곳, 즉 동경의 대상이 되는 이상세계를 암시하고 있다.
  봄빛 푸르른 이 글에서 반전의 방점이 찍히고 있는 곳은 '벚꽃잎 하롱하롱 떨어지는 날'이다. 전반부에서는 환희의 봄맞이를 하고 있는 여러 방초(芳草)들의 생기발랄한 모습을 그려내고 있는데 돌연, '벚꽃잎 하롱하롱 떨어지면 그래도 화자의 마음에 푸른 초장이 펼쳐질 것인가?' 하고 스스로에게 반문해 보고 있다. 상황이 변하면 푸른 초장이 자신에게서 멀어질까 하고 염려하고 있는 것이다.
  늘 푸른 초장을 그리워하는 화자는 봄끝 낙화의 상황을 설정함으로써 반전으로 긴장감을 유도하고 소망의 의식을 고양시키는 독특한 창작기법을 사용하여 눈길을 끈다.
　작가의 수채화 같은 늘 푸른 청심과 인생관이 수준 높은 창작 기법에 의해 잘 드러난 훌륭한 작품이다.

　　　인연에 마주 앉아 백지 위 밥그릇을 두 개 엎어
　　　국그릇 수저 엎어 걸쳐있는
　　　세 개의 접시에는 봄들이 앉아 있다

　　　어깨와 근육 없이 훌쭉한 배
　　　빈손에 태어나서 당신이란 남편 만나
　　　당신의 웃음 찾아 인생을 그려 본다

　　　삶이란 멍에 지고 뛰고 뛰는 화전 밭
　　　잡풀을 움켜쥐고 미래 설계
　　　시선은 저 먼 곳을 향해가고 있네요

　　　　　　　　　　　　-「화전 밭 풀 뽑는 여인」 전문

　이 글에서 '화전밭 풀 뽑는 여인'은 과연 누구를 가리키고 있을까? 아마도 거친 들판에서 지난한 인생을 살아온 화자의 자화상을 뜻하는 것이리라. 세 개의 접시만이 놓여 있는 소박한 밥상머리, 초췌한 모습에 빈손으로 태어나서 '당신'이란 남편 만나 '화전밭 풀 뽑는 여인'으로 살아온 화자는 늘 푸른 소망의 끈을 놓지 않고 있다. 그러기에 삶이란 멍에를 지고 잡풀을 움켜쥐고도 늘 미래를 생각한다. 소망 의식은 '세 개의 접시에는 봄들이 앉아 있다.' '당신의 웃음 찾아 인생을 그려 본다', '시선은 저 먼 곳을 향해 가고 있다' 라는 부분에 소망 의식이 잘 드러나 있다. 모두가 다 미래지향적이고 희망찬 푸른빛이다.
　이러한 시들은 푸른 초장을 동경하는 해맑은 순수 시심과 인생관이 고도의 비유 기법으로 잘 표출된 훌륭한 작품들이다.

2. 거자필반(去者必返), 그 인연과 자연 섭리의 소중함

　불가에서는 인간의 만남과 헤어짐을 '회자정리 거자필반(會者定離 去者必返)'으로 말하고 있다. 만난 자는 반드시 헤어지고 이별한 자는 반드시 돌아온다는 것이다. 옷깃만 한번 스쳐도 엄청난 인연이라는데, 어찌 인간의 만남과 이별이 소중하지 않으랴.
　인간도 자연의 일부이기에 일찍이 도가(道家)에서는 '무위자연(無爲自然)'을 주장하였으며, 인간사도 만유 순환 질서 안의 존재이기에 반야심경에서는 '색즉시공 공즉시색(色卽是空 空卽是色)'이라고 하였다.
　늘 자연과 함께하는 송원 시인은 자연에서 인생을 발견하고 배우며, 그것을 통해서 삶의 인연과 순환 섭리를 깨닫고 있다.

　　　억새풀 기웃대는 가을 언덕에
　　　기러기 날아와서 논바닥에 내려앉아
　　　떨어진 벼이삭들 주워 먹는다

　　　텃밭엔 서리 맞은 고추들
　　　울긋불긋 점박이 얼굴로
　　　매달려 있고

기력이 다한 맷돌호박들
　　　감나무 아래서 하얀 서리 덮고
　　　뒹굴고 있는데

　　　산비탈 위 소나무 숲엔
　　　거자필반(去者必返)을 외치는
　　　거대한 썰물 소리 요란하다

　　　　　　　　　　－「갯마을 풍경」 전문

　송원 시인의 글은 거의 다 자연을 소재로 다루어져 있지만 그 표현기법에 있어서는 상당히 상징적, 비유적이다. 이 글에서 말미 부분에 나타난 '거자필반(去者必返)'은 무엇을 의미하고 있을까?
　전반부의 서리 맞은 자연물들을 미루어 볼 때, 아마도 갯마을 풍경의 새로운 환생의 도래를 뜻할 것이다. 송원님의 글은 전반적으로 푸른빛이며 소망적이다. 퇴폐적이거나 부정적이지 않고 미래에 대한 소망과 이상세계에 대한 동경이 파릇파릇하다. 갯마을의 소나무 숲에서도 서리를 맞을 터이고, 푸르른 한철이 빠져나가면서 다시 올 것이라고 외쳐대는 대자연의 순환 섭리가 시적인 정서를 한껏 느끼게 한다.

　　　진달래 곱게 피던 날
　　　인연 찾아왔는데 맺지 못하고 돌아서는
　　　손에 쥔 피리를 불며 숨길을 돌린다

　　　찾아온 사람을 잡지 못한 내 마음이 아프다

그때 그 자리를 기억하라고 외쳐대는 너를 보면서도
귀머거리처럼 알아듣지 못했다
사생취의(捨生取義), 삶을 버리고 외로움을 택한 너
안녕이란 말을 하고 어디쯤 가고 있을까
뒤늦게 알게 된 너의 진심

사랑은 주는 사람도 받는 사람도 행복하다지만
마법의 귀는 열리지 않았다
가지런히 쌓였던 연서는 스치는 바람에 흩어지고

불씨는 꺼져버렸다
하얗게 웃던 얼굴, 가슴 아프게 멀어져 간다

-「모래탑 쌓다 떠난 사랑」 전문

    모래탑, 다 소용없는 허무한 결과를 말한다. 이 글의 제목이 '모래탑 쌓다 떠난 사랑'이라니, 허무한 사랑 체험이 스크린처럼 스쳐 지나가는 작품이다.
    사랑은 가깝고도 먼 것, 정든 사람 앞에서 이따금 사랑 본심을 드러내지 못하고 먼발치에서 머뭇거리다가, 의중을 알아차리지 못한 상대방이 관계를 끊어 마음의 상처를 받기도 한다.
    이 글에서도 찾아온 정인을 잡지 못한 화자의 속마음은 아프기만 하다. 기억해 달라는 상대방의 말을 귀머거리처럼 알아듣지도 못했고, 뒤늦게 상대방의 진심을 알았지만, 연서는 바람에 흩어지고 마법의 귀도 열리지 않았으며 불씨는 이미 꺼져버렸다.
    평소에 푸르름을 간직한 서정적 자아가 이러한 사랑의

아픔을 토해 내는 것은 어인 일일까? 시인은 사랑과 추억을 먹고 산다. 그러기에 서정적 시인은 그 아름다운 사랑과 추억을 오랫동안 간직하고 싶어 하며, 그럼으로써 상처 또한 하루빨리 치유하고 싶어 하는 것이리라.

　이 글은 매우 고백적이며 진솔한 여인의 사랑 감성이 잘 드러나 있다. 문학의 기능이 얽혀진 인생 문제를 호소하고 풀어주는 데 있다면, 이 글엔 한편 애이불비(愛而不悲)의 정서가 흐른다. 위안을 받는 회자정리(會者定離)의 섭리 아래, 드리워진 작가의 상처를 치유해 주는 청량제와 같은 작품이라 생각된다.

3. 대자연의 숨결을 타는 무위자연과 물아일체 시심

　노자의 『도덕경』을 대표하는 사상 중 하나가 바로 '무위자연(無爲自然)'이다. 이 노자의 사상은 동양 철학에 큰 영향을 끼쳤으며, 세속에 빠진 현대인들에게도 여전히 삶의 방향을 되돌아보게 하는 핵심 개념이다. 철학자 스피노자(Baruch de Spinoza)도 신은 존재하기 위해 자연과 인간을 창조하였고, '자연은 곧 신이다'라고 하였다.

　송원시인의 글을 읽으면 이러한 대자연의 숨결을 금방 느낄 수 있다. 그녀는 자신이 자연의 일부임을 안다. 글 쓰기의 소재가 거의 다 자연물이며, 자연과 함께 어울리고 숨을 쉬고 인생 희로애락을 느끼니, 자연의 아늑한 품이 바로 그녀의 집이요, 생활환경이다.

　　높푸른 하늘자락에
　　사뿐히 내려앉은 붓다의 깨달음
　　헤아릴 수없는 고통 生 골짜기는 숨을 쉬고

능선은 햇살에 비쳐 설원은 눈부시다
설산은 중생의 번뇌 산산이 흩어지고

하늘의 신비 도도히 흐르는 산맥 대자연 앞에
비밀의 강줄기 그리움 토해낸다

백색의산 영혼을 품어 잠들게 하는
태곳적 사연을 머금은 찬란함
산맥타고 강줄기 내려와 호수를 이루고
설산은 강물에 기웃거리고
파문의 날개짓에 안나푸르나 묵시록을 쓴다
― 「히말라야」 전문

    안나푸르나는 네팔 중부 히말라야산맥에 줄지어 선 산 (최고 높이 8091m)의 고봉군을 가리킨다. 안나푸르나 고봉군은 히말라야에서 가장 인기 있는 등반 코스로 꼽힌다.
    이 글은 그 안나푸르나의 거대한 대자연 숨결 속에서 느끼는 인간의 대비적 감성을 비유기법으로 쓴 것이다. 전반부에서는 태곳적 사연을 머금은 신비스런 안나푸르나의 품속을 붓다 깨달음의 원처로 인식하고 있다. 그러기에 골짝은 살아 숨을 쉬고 능선은 눈부시니 오늘도 설산은 하늘의 신비를 끌어안고 묵시록을 쓰고 있단다.
    이 글의 후반부는 거대한 대자연의 섭리 앞에 미물의 존재로 다가서 있는 중생의 모습을 대조적으로 그려내고 있다. 특이한 점은 신비를 지닌 안나푸르나는 하늘과 인간을 이어주는 중재자의 역할을 하고 있다는 것이다. 도도히 흐르는 거대한 산맥 앞에 미물의 존재로 다가서 있는 인맥은 인간의 속성인 그리움을 토해내면서 고요 속에 깊숙이 빠져드니, 번뇌는 산산이 흩어지고 안나푸르나는 이러한 인간의 외침을 하늘에 아뢰고 있단다.
　화자의 눈앞에 펼쳐진 신비스런 안나푸르나! 화자는 그것이 감히 인간이 함부로 범접할 수 없는 신의 경지이며 무량한 가르침의 성역이란다.
　이 글은 대자연의 품에 안긴 인간의 모습을 고도의 비유 기법에 의해 물아일체의 상념으로 그려낸 것으로 작품성이 높다.

　　　한여름 보내면서 우레같이 쏟아지는 비
　　　담쟁이 단벌옷이 뚫어져 너덜너덜 해진다
　　　가을이 오는데 자식들은 손잡고 옹기종기 모였다
　　　가을비 창밖에서 멈추지 않고
　　　차가운 회초리에 담쟁이들 가을꽃 핀다

　　　억새는 은빛머리에 우수수 낙엽들이 날아서 내려앉아
　　　댕기머리 수줍어 고개 들지 못한다
　　　은행잎 새가 되어 비상하는 허공으로 참새들이 날아간다

　　　수북이 쌓여있는 낙엽 무덤, 시선으로 바라보는
　　　가을을 보내는 아쉬움에 목이 메인다
　　　　　　　　　　　　　　-「낙엽이 가는 길」 전문

　이 글을 읽으면 조병화의 시 「낙엽끼리 모여 산다」와 조세희의 소설 「난쟁이가 쏘아 올린 작은 공」이 떠오른다. 이 글에서 '낙엽'이 상징하고 있는 것은 무엇일까? 아마도 버림받은 인간 존재의 허무와 소외감을 상징하고 있으리라. 가을철, 한여름 우레같은 비에 옷깃이 찢겨 떨어져 내리고 가을비에 시달려 속절없이 떨어지고 현실의 무게와 바람에 쫓겨 소외된 자식들은 옹기종기 모여 낙엽 무덤을 이룬다. 가을꽃이 피고 은행잎은 새가 되어 날고 참새들이 허공을 휘저어도 외진 구석에 몰린 낙엽들은 고개를 들지 못한다. 이 글은 삶에 쫓기고 현실의 비정한 냉대에 좌절감을 느끼며 사는 현대인의 소외감을 시적으로 잘 형상화 시켜 놓은 감동 깊은 작품이다.

4. 성숙을 향한 끊임없는 도전과 위를 향한 날갯짓

'후츠파(Chutzpah)'란 히브리어로 '당돌함', '뻔뻔함'을 의미하는데, 이스라엘에서는 이를 '도전 정신', '용기' '배짱'으로 인식한다. 인류사에서 위대한 업적을 이룬 사람 치고 이러한 도전 정신을 갖지 않은 사람은 없었다. 믿음의 조상 아브라함과 모세, 다윗, 한국의 세종대왕, 안중근 의사, 박정희 대통령, 현대건설 정주영 회장 등이 다 그러한 도전 정신으로 인간 승리의 길을 걸은 인물들이다.

송원 시인은 후츠파 정신으로 무장하고 노령의 나이 들어 늦깎이 학도로서 더욱 학문 탐구에 열정을 내고 있는 여류 문사이다. 나이 들어 심신의 건강과 평안함만을 간구해야 할 처지에 무엇이 그녀를 이토록 학문 탐구의 장으로 나오도록 이끌었을까? 아마도 삶에 쫓겨온 인생길에서 미처 자아의 존재적 가치를 갖추어 보지 못했던 과거를 뼈저리게 후회하고, 뒤늦게라도 자아를 간추려 뼈를 깎는 도전 정신으로 자기 계발을 하고자 하는 '하늘 향한 날갯짓'을

하고 있는 것이리라.

나무는 겨울바람 버티고 흔들리고
뾰족이 부리들이 나온다
멀리서 봄이 오는 소리에 파락파락 잎 피고
파랗게 파란모 쓰고 얼굴들 하얀 입술

웃으며 바닥에는 감꽃들이 하얗게 떨어지고
푸른 잎 가지마다 날갯짓 싱그럽다

풋풋한 감 한 알 따서 맛을 본다
떫다 떫어,
아무래도 뒤주 위에 올려놓고
얼마간 숙성시켜야 할 것 같다
물렁물렁 단맛이
우려 나올 때까지

-「익지 않은 감은 떫다」 전문

 이 글을 읽으면, 어릴 때 먹을 것이 없어 허기진 배를 움켜쥐고 감나무 밑 풀섶을 뒤지며 떨어진 낙과인 푸른 감을 찾아 주워먹던 배고픈 시절이 떠오른다.
 풋풋한 감, 비록 감꽃이 하얗게 떨어져 있고 푸른 감잎의 날갯짓이 싱그럽지만, 그 감맛을 보면 아직 덜 익어서 떫고 떫다. 그러니 뒤주 위에 올려놓고 물렁물렁 단맛이 우러나올 때까지 더 숙성시켜야 한단다.
 이 글 속에는 미성숙한 개체를 고도의 성숙한 성체로 끌어올리고자 하는 화자 내면세계의 은근한 삶의 의지가 담

겨 있다. 여기서, 아직 덜 익은 '풋풋한 감'은 아직도 성숙
도에 도달하지 못한 자아의 실체, 즉 자화상을 그려낸 것
은 아닐까? 성찰과 도전, 그리고 겸손과 자숙으로 이어진
화자의 인간미가 잔잔한 감동을 주는 좋은 작품이다.

> 까치가 '까치까치 까치' 하고 운다고 한다
> 닮았다 까치머리 까치들의 두뇌보다 못해
> 까막눈 까막까치
> 인고의 틀에서, 블랙홀을 빠져나온 사람들이다
> 까막눈 아들 딸 남편까지 줄세시키고
> 이제야 놓쳐버린 세월을 찾아서
> 늦깎이 학생이 되었다
> 자음 ㄱ ㄴ ㄷ ㄹ ㅁ ㅂ ㅅ ㅇ ㅈ ㅊ ㅋ ㅌ ㅍ ㅎ
> 모음 ㅏ ㅑ ㅓ ㅕ ㅗ ㅛ ㅜ ㅠ ㅡ ㅣ
> 목청을 돋우어 본다
> 선생님 가르침에 머리 쥐어짜고 돌아오면
> 소매 걷어 부치고 주방일이 익숙하다
> 세월아 멈추어라
> 할 일 많이 있어 학문의 길 멀기만 하다
> 　　　　　　　　　　　　 -「까치들의 행진」 전문

이 글에서 '까막눈 까막까치'는 아직 문리(文理)가 덜 트
인 늦깎이 학생을 비유하고 있을 터이다. 인고의 덫에 얽
매어 있다가 블랙홀을 빠져나온 사람들, 세월 속에서 놓쳐
버린 세월을 아쉬워하면서 까치처럼 목청을 돋우어 문자
를 해득하고, 학업에 몰입하다가 집에 돌아오면, 또다시
소매 걷어붙이고 주방일에 매달려야 하는 평범한 주부 삶

의 입장이다.
　'불치하문(不恥下問)'이라. 배움의 열정이 높은 문인들은 아랫사람에게 물어도 부끄럽지 않다. 논어에, 학문은 '여역수행주(如逆水行舟) 부진즉퇴(不進則退)'라고 하여, '학문은 강물에서 배가 거꾸로 올라가는 거와 같아서, 계속 노를 저어 나아가지 않으면 뒤로 밀린다'고 하였다. 즉, 계속 학문은 꾸준히 배우지 아니하면 다 잊어버려 뒤로 퇴보하게 된다'는 뜻이니, 평생토록 배워도 배움엔 끝이 없다.
　김시인은 필자의 문하(門下)로서, 필자는 이러한 김시인의 끊임없는 도전과 학문 탐구 열정과 노력에 큰 감동을 받고 박수로 격려하곤 하였다. 가사 일에 쫓기면서 학문의 길도 가야 하고 나이 들어 건강도 돌봐야 하니, 몸이 열이라도 모자랄 판이다. 시인의 학문 탐구 열정과 늦깎이 학생으로서의 훌륭한 면모가 비유적으로 잘 드러난 작품이다.

5. 동심 어린 시인의 해맑은 소망과 노을빛 사랑

　김시인의 작시 경향은 매우 신선하고 해맑고 푸르르다. 맹자께서 '대인적자지심(大人赤子之心)'이라 하였는데, 김시인의 작품 저변에는 동심 어린 순수심이 깔려 있으며, 해맑은 소망과 노을빛 사랑이 출렁거리고 있다. 그녀가 택하는 글감의 대부분은 풀이나 꽃과 같은 푸르른 자연, 또는 인간미 넘쳐흐르는 소박한 노을빛 사랑의 대상들이다.

　　　찬 이슬 밟아가며 실 한 줄 여미면서
　　　핑크빛 민낯으로 청아한 은결 위에
　　　하루의 소망을 품고 인사하는 천사여

목젖을 하늘 향한 해맑은 등불들아
하늘 은총 듬뿍 받고 피어난 고운 자태
애타는 연민의 마음 보라 눈빛 고와라

높이 더 높게높게 하늘빛 휘감고서
몸 기대 껴안으며 뚜뚜뚜 나팔 분다
하늘이 닿을 때까지 내 사랑아 움트렴.

- 「나팔꽃 사랑」 전문

  이 글은 나팔꽃의 아름다운 생태를 시조 형식으로 멋지게 묘사해낸 작품이다. 하늘의 은총 받고 피어난 나팔꽃의 핑크빛과 보랏빛의 색감, 뚜뚜뚜 나팔 불며 하늘에 소망을 고하면서 위로 뻗어 오르려는 사랑의 눈빛이 신선한 감각으로 와 닿는다.
  이 글에서 인간미의 승화된 경지는 '하늘빛'이다. 하늘이 닿을 때까지 하늘빛을 휘감고서 뚜뚜뚜 나팔 불며 올라가고 있는 존재는 아마도 작가가 희구하는 이상적인 자아의 모습일 게다. 작품상의 표현은 작가의 내면세계가 그대로 드러나 있는 법, 서정적 자아의 해맑은 소망과 사랑의 간구가 '나팔꽃'이라는 제재를 통하여 선명성 있게 드러난 좋은 작품이다.

늦가을 지평선이 새붉게 일렁일렁
드높은 하늘자락 넉넉히 안긴 행복
오늘도 저녁놀 따라 쏟아지는 그리움

사색이 노닐 적에 보고픔 더 돋아나네

잡아도 달아나는 이 여백을 어이할까
어쩌나 아득한 울림 그 얼굴만 떠오르네

촉촉이 스며드는 아린 맘 내려앉아
한가득 다가오는 그 사연들 향긋해도
아련한 숨결들만이 두리둥실 떠 있네

－「저녁 노을」 전문

 이 글에서 주제를 의미하고 있는 핵심 시어는 '그리움'이다. '잡아도 달아나는 이 여백'은 바로 그리움의 또 다른 표현이다. 시인은 사랑과 추억을 먹고 산다는데, 노을빛 노령에 들어 인생을 되돌아보면, 마음에 드는 흡족한 사랑 한번 해 보지 못한 게 큰 아쉬움으로 남기도 한다. 나이가 지긋하니 저녁놀 무렵, 노을빛 따라 그리움은 더욱 쏟아지게 마련이고, 그리운 이의 얼굴만 떠오른다. 말미에서는 '그 사연들 향긋해도 아련한 숨결들만 두리둥실 떠 있다'라고 하니. 그 얼마나 안타까웠으랴. 이러한 내면세계에 정체되어 있는 그리움의 응어리를 문학으로 표출해 내지 못한다면, 그 마음 심연의 상흔은 훨씬 더 쌓여있었을 것이리라.
 정지용의 「향수」와 같이 그리움을 노래한 시는 마음속에 적재되어 있는 공허함을 달래주고 카타르시스를 체험하게 해주며 치유의 힘을 제공해 준다. 이 글은 만년에 들어선 시인의 노을빛 사랑과 그 그리움의 세계가 반짝반짝 빛나는 훌륭한 시조 작품이다.

6. 사물에서 소우주를 발견해 내는 세미한 관찰력과 투시력

나태주 시인은 「풀꽃」이라는 시에서, '자세히 보아야 예쁘다 / 오래 보아야 사랑스럽다 / 너도 그렇다'라고 하였다. 사물을 관조하는 개성적인 투시안에서 아름다운 시가 나온다. 풀꽃 시인인 김시인은 남들이 거들떠보지도 않는 소외된 글감들 속에서 소우주를 발견해 내는 세미한 관찰력과 투사력(投射力)이 돋보여 눈길을 끈다.

신록이 우거진 계절, 새들이 나뭇가지에 날아들어
작은 주둥이로 열기를 토해낸다

고택에 비탈진 산기슭에 엉겅퀴
여기저기 둥지 틀고 시퍼런 이파리 가시 달린 꽃받침
나비와 벌들 날갯짓에 아름다움 다발로 피고 있다

엉겅퀴 줄기 아래 더위를 피해 진딧물들 새까맣게
줄지어 올라가고, 잎 그늘 공생하자 부르짖는다
번개를 동반하고 천둥소리, 쏟아지는 폭우
하늘에서 내리는 물 폭탄에 모두가 부르르 떤다

진딧물 병정들 빗물 타고 퇴각이다
엉겅퀴 푸른 줄기엔 싱그러운 평화가 찾아든다
  －「엉겅퀴」전문

이 글에는 풀꽃 세계의 생동감 넘치는 삶의 투쟁 모습이 실감있게 그려져 있다. 비탈진 산기슭에 시퍼런 이파리와 가시 달린 꽃받침으로 나름대로의 아름다운 자태를 뽐내며 둥지 틀고 있는 엉겅퀴, 그곳에서 사투하며 벌어지고 있는 삶의 모습이 퍽 인상적이다.
　나비와 벌들이 들락거리고, 기생충 같은 하층민 병정 진딧물들은 공생하자 부르짖으며 줄기 아래로 줄줄이 들러붙는다. 그러나 세상 삶이 어디 그렇게 호락호락 쉽게 풀릴 수가 있단 말인가. 하늘에서 쏟아지는 물폭탄 폭우에 진딧물 병정들은 도리 없이 모두들 퇴각하고, 엉겅퀴 생명 세계에는 삶의 평온함이 찾아온단다.
　이 글은 확대경을 들여다보는 듯, 사물에서 소우주를 발견해 내는 작가의 세미한 관찰력과 투시력이 도드라지게 나타난, 살아 숨 쉬는 작품이다.

　　　알알이 연지 바른 여뀌들이 강을 찾아 내려가다
　　　풀숲에서 여름 보내고 있다
　　　올 금년에 피울 씨앗은 남겼을까
　　　부르는 소리 들려오는 듯 귀 기울여 본다
　　　옆에는 무심한 키다리 수수갈대만 흔들거리고
　　　오밀조밀 길섶에 서있는 너
　　　여뀌들 마디마디 무릎으로 발밑까지 내려왔는데
　　　개여울과 동행하고 싶어서일까
　　　그 외로움 물고기와 벗하고 싶을 게다
　　　혹여 초등의 낫질에 다칠까 행인들 발길에 짓밟힐까
　　　풀숲 그 자리 돌아보며 간다.

　　　　　　　　　　　　　　　　　－「여뀌」 전문

　여뀌는 냇가와 같은 습한 곳에서 자생하는 한해살이풀로, 세인들의 관심 밖에 있는, 일종의 소외감을 느끼는 잡

초류다. 화자는 그것을 돋보기로 들여다보고 물아일체(物我
一體)의 심정으로 그들의 세계에 몰입하고 있다.
 풀숲에서 여름을 보내면서 씨앗은 남겼는지 궁금해 하
면서, 개여울과 동행하고 싶고 물고기와도 벗하고 싶어하
는 그들의 외로움을 함께 느끼고 있다. 그리고 그들의 입
장에 함께 서서, 혹여 무참히 내려치는 초동의 낫질에 상
해를 당하지 않을까, 행인의 발길에 짓밟히지 않을까 하고
염려하고 있다.
 이러한 시상의 전개는 작가의 안목이 이미 물심일여(物
心一如), 주객일체(主客一體)의 경지에 이른 것으로, 사물을
관조하는 작가의 탁월한 능력과 필력이 돋보이는 작품이
라 평가할 수 있다.

7. 풀빛 고운 예스러운 문사, 선비다운 여인의 고고한 풍모

 송원 김시인의 작품을 읽다 보면 언뜻 풀빛 고운 '청록
파(靑鹿派)' 시인들의 글을 떠오르게도 한다. 거칠고 헝클어
지고 번뇌 많은 인간사회를 탈속하여 자연 속에 몰입하여
물아일체의 상념에서 이상향을 동경하고 구현하고자 하는
소위 '자연파'라고 할까?
 그러기에, 김시인의 작품 세계에는 자연을 추구하면서,
옛 선비의 무위자연(無爲自然)의 도를 따르고자 했던 작품들
이 곳곳에 얼굴을 내밀고 있다.
 옛 선비들이 음풍농월(吟風弄月)하던 선유구곡이나 경승
지 유람을 좋아하고, 선비 닮은 사군자(四君子)나 학(鶴) 두
루미를 노래한 여류 문사, 김시인의 작품들이 눈길을 끌고
있다.

가을하늘에 시를 던지다
골짜기 굽이굽이 휘돌아 물 흐르는
계곡을 부딪치고 구르고 웅덩이에 모여들어
햇볕을 쪼이며 산다

선유구곡(仙遊九曲) 발자취 남긴 최치원
옥석대 너럭바위 휘감아 돌아 흐르고
물줄기 바라보는
나무들 목 축이러 갈 길은 바쁘다

괴나리 봇짐 넘나리 휘적휘적 선비는 글월(文) 머리에 쓰고
넘나들던
검정 바지저고리 검정 두루마기 앞자락이
바람에 나부낀다 갓끈이 날린다

-「문경새재」 전문

　이 글은 선유구곡의 신비스런 선경(仙境)과 문경새재에서 느끼는 옛 선비들의 자취를 실감있게 그려내고 있다. 선유구곡엔 암벽에 새긴 최치원의 글씨 '仙遊洞'이 선명히 나부끼고 있으며, 명경지수를 품어 돌리는 너럭바위 옥석대(玉鳥臺)와 선비들을 길러내던 학천정(鶴泉亭)이 방문객의 발길을 끌고 있는 곳이다.
　문경새재는 한양으로 과거시험 보러 가던 선비들이, 새도 넘기 힘들다는 이 험한 고개를 넘어 돌아오면, 급제의 경사스런 소식을 듣게 된다(聞慶)는 곳이다. '복음의 경사스러운 소식을 듣는다'니, 선비들은 앞다투어 '추풍령'보다는 '문경새재'를 한양길로 택하고 갖가지 선비의 자취를 남겼다.

괴나리 봇짐에 갓끈을 고쳐 쓰고 휘적휘적 도포자락을 휘저으며 산 고개를 넘어가는 선비들의 모습이 실감있게 묘사되어 있다.

김시인이 비록 여성작가이지만 여류 문사로서의 선비다운 풍모가 독특하게 눈길을 끄는 작품이다.

    벚꽃이 흐드러진 봄 언덕에
    늘어진 매화가지 휘적이고
    만수천 재두루미 혼자 날아왔다

    어디에 짝을 잃고
    여기에 날아 왔나

    수양버들 얼기설기 난을 치고 수로에 날개 접고
    물 고인 웅덩이에
    외발로 초연히 서 있는 너

    고고한 선비걸음 뚜벅뚜벅
    하늘을 물끄러미 바라보는 재두루미
    바람이 재두루미 댕기머리 날린다
                      - 「만수천 재두루미」 전문

만수천은 인천에 있는 청정 하천이다. 벚꽃이 흐드러지게 핀 봄날, 매화가지 휘적일 때 짝을 잃은 재두루미가 혼자 날아왔단다. 외발로 홀로 초연히 서있다가, 고고한 선비 걸음으로 뚜벅뚜벅 하늘을 바라보는 재두루미, 화자는 그 모양을 보고 상념에 잠겨 있다.

이 글에서 외발로 서 있는 선비형의 재두루미는 바로 외로운 자아를 상징하는 자화상이 아닐까? 두루미가 학(鶴)의 또 다른 이름이라면, 예로부터 학은 고고한 인품을 지닌 선비를 상징한다.
　늘푸른 가슴에 학처럼 고고한 인품을 늘 추구하는 송원 시인, 비록 여류이지만 시인의 선비다운 고고함과 유유자적한 품격이 반짝반짝 빛난다.

　지금까지 송원 시인의 작품 세계를 그녀의 대표작 위주로 살펴보았다.
　송원 시인은 가슴에 파릇한 시심을 늘 품고 있는 자연파 시인이요, 풋풋한 풀꽃 시인이다. 그녀의 눈에 들어온 글감들은 그 대상이 아주 보잘 것 없는 미물들일지라도 모두가 푸른빛으로 변화되어 생동감 있게 다시 태어난다.
　특별히 그녀에게서 감동받은 사실은 팔순을 눈앞에 두고서도 만학도의 길에 들어서서 온갖 열정을 쏟아 학문 탐구에 매진하고 있다는 점이다. 이기주의와 물질주의에 빠진 현대인의 생활 패턴 속에서 그녀의 초인적인 의지와 기개, 그리고 용기 넘치는 도전 정신은 풋풋한 이파리를 달고 음지에 곱게 피어난 예쁜 엉겅퀴꽃 같다.
　송원 시인은 문사로선 학이요, 의지로선 엉겅퀴꽃이다. 그녀의 무위자연의 인생 철학과 자연에 몰입되어 물아일체의 상념으로 소우주의 시상을 전개시켜 나아가는 순수한 작시풍, 그리고 불모지에서 피어난 그녀의 풀꽃 정신에 아낌없는 찬사를 보낸다.

　　　　　　　　　(乙巳年 7월 三盆寓居에서, 曉峯 撰)